AF259408

OBSERVATIONS

SUR LE

GOUVERNEMENT DE L'ALGÉRIE

PAR

UN ANCIEN OFFICIER DE L'ARMÉE D'AFRIQUE

PARIS

IMPRIMERIE DE E. MARTINET

RUE MIGNON, 2

1870

OBSERVATIONS

GOUVERNEMENT DE L'ALGÉRIE

PAR

UN ANCIEN OFFICIER DE L'ARMÉE D'AFRIQUE

PARIS

IMPRIMERIE DE E. MARTINET

RUE MIGNON, 2

1870

OBSERVATIONS

SUR LE

GOUVERNEMENT DE L'ALGÉRIE

A l'origine des colonies anglo-saxonnes les plus modernes, notamment en Australie, en Californie, nous voyons les colons, dès qu'ils comptent quelques milliers d'âmes, élire un juge, un maire, un député, un conseil de gouvernement. Plus ils sont isolés, privés des traditions de la mère patrie et des ressources que laissent après elles les générations passées, plus ils jugent nécessaire de se gouverner énergiquement eux-mêmes, et d'appliquer immédiatement les théories les plus avancées du *self-government*.

Si, en Algérie, on réclamait pour nos colons le droit d'élire leurs gouvernements municipaux, voire même leurs juges de première instance, le droit d'administrer le domaine, de se recruter eux-mêmes par les moyens qui leur sembleraient le plus utiles, je n'essayerais pas de combattre de telles propositions.

Mais, c'est au territoire indigène que l'on propose d'appliquer nos lois administratives et notre code de procédure, et l'on croit être libéral en appuyant ces propositions ! C'est là une erreur grave et l'on va le comprendre.

En signalant le rapide peuplement de l'Amérique et l'extension incessante du territoire colonisé, Tocqueville rappelle ce fait que, souvent, l'établissement d'une ferme isolée, vingt lieues en avant des limites de la colonie, faisait le vide dans tout cet intervalle. Le gibier émigrait d'abord, gêné par cet obstacle fixe, par les allées et venues des hommes de cette avant-garde, par les sons même de la cloche des bestiaux au pâturage ; et l'émigration du gibier entraînait celle des indigènes.

Cela seul fait ressortir une différence capitale entre l'Algérie et l'Amérique. L'Algérien tient au sol, bien qu'il le cultive mal : c'est un laboureur ou un berger, et, dans ce dernier cas, il ne se meut encore, comme les bergers de la Provence ou de l'Espagne, que des pâturages d'été aux pâturages d'hiver. — Le renvoyer de chez lui, sous quelque prétexte que ce soit, c'est le blesser, et c'est aussi, ne l'oublions pas, lui ôter quelques-unes des vertus conservatrices que perd le paysan en s'éloignant de son clocher.

Refoulement, cantonnement, tous ces mots ont signifié pour lui l'exil et l'expropriation arbitraire : il faut de bien grandes utilités des deux parts, pour que ces déplacements se puissent justifier !

Arrêtons-nous encore ici un moment : il ne manque pas de gens qui demandent encore « qu'on livre de larges espaces à la colonisation », c'est-à-dire qu'on prenne aux indigènes une part de leur territoire.

Ils cultivent mal, dit-on, et pourraient subsister, sur une étendue très-réduite. — Puis, on leur donne un titre de propriété ferme sur une terre plus restreinte : ils peuvent bien acheter d'une partie de leur avoir la sécurité du reste.

Le premier motif est faible : le Berry est dix fois moins peuplé que la Flandre, et, peut-être, nos paysans n'ont-ils pas toujours des titres bien réguliers. Essayez, sous ce prétexte, de leur ôter une part de leurs champs, et préparez-vous à vous défendre contre les faux emmanchées à rebours et les coups de fusil !

Oui, vraiment, il faut que les Arabes des plaines apprennent à mieux cultiver et la sécurité de la propriété est la première condition pour le faire. C'est celle qui leur a manqué depuis trois siècles de domination turque ; mais cette bonne culture, il faut la chercher comme un bien national, comme un enrichissement du pays, comme un avantage pour tous par conséquent. Retarder son avénement en la faisant acheter, c'est une faute grave !

Et cependant vous avez pu commettre cette faute en Algérie, sans avoir sur les bras des révoltes incessantes : c'est que ce peuple, habitué à l'oppression, n'est pas, comme nous, gâté, si l'on peut employer ce mot, par une longue jouissance de la liberté civile. Enseignez-lui, avec le respect de la propriété, l'indépendance et les fières vertus qu'elle engendre. Il sera moins facile de l'opprimer : il sera plus riche et plus ombrageux. Faut-il donc vous en plaindre ? Et, maîtres de lui départir cette prospérité morale et matérielle, ne voyez-vous que vous pouvez attendre de lui reconnaissance et affection pour le nouvel ordre social auquel il aura dû ces biens inconnus aujourd'hui hors de la Kabylie et des inaccessibles retraites où l'indépendance humaine avait trouvé asile !

Vous pouvez faire, et faire promptement de l'indigène un Français affectionné, un citoyen utile, bien qu'on doive ajourner son assimilation complète. Il faut, pour cela, lui assurer la terre qu'il possède à des titres divers et que nul ne peut cultiver avec autant d'amour et de sécurité que lui. S'il est fidèle, pourquoi pas *lui* aussi bien qu'un Européen ? Et pourquoi ne serait-il pas fidèle au régime qui peut seul lui donner ces biens suprèmes : l'indépendance civile et l'existence politique ?

Est-ce à dire qu'il faut renoncer à introduire l'élément européen en Algérie ? A Dieu ne plaise ! comme chefs d'industrie et de culture, comme intermédiaires du commerce avec le monde, les Européens aurontdans cette société la large place qui leur convient le mieux. Ils ont les capitaux, la science, les relations faites, et ils n'auraient pas tout avantage à exploiter, en le servant, ce pays devenu plus fécond en productions de toute sorte !

Mais, pour que les deux populations se pénètrent, il faut des conditions qui n'existent pas aujourd'hui.

Permettre les transactions dans l'état où la conquête a trouvé la propriété indigène, c'est ouvrir la porte à tous les dols, et donner naissance à des procès incessants et sans issue. Aussi a-t-on dû les interdire jusqu'à l'établissement d'un ordre nouveau. Hâte-t-on autant qu'on le pourrait cette fixation de la propriété, objet d'un sénatus-consulte célèbre? Je n'en crois rien et je tiens pour certain qu'il serait possible et très-nécessaire d'accélérer considérablement cette opération. Il y a là, pour donner une base certaine à cette propriété, dont je voudrais pourtant enseigner le respect, un véritable coup d'État administratif à faire : je le regrette, mais il est inévitable et il faudrait qu'il fût très-promptement achevé ; quel serait, pour cela, le moyen pratique à employer? Je vais tâcher de l'indiquer.

Ce n'est pas la première fois qu'on fait, en Algérie, des délimitations de terrain. Comment agissait-on quand il y avait litige, entre des tribus, sur leurs limites ?

Le commandant supérieur ou son délégué se rendait sur le terrain et y convoquait les représentants autorisés de la tribu. Chacun énonçait sa prétention et exposait ses titres, les témoignages écrits ou verbaux en sa faveur. Avec quels cris, quelle animation, quelles protestations, Dieu le sait ! Après avoir tout écouté, le commandant décidait que la limite suivrait tel ruisseau, ou irait de tel arbre à tel rocher : il faisait enregistrer la décision par les cadis, avec les noms des témoins, et gardait copie de l'instrument ainsi établi. — L'animation tombait avec les plaidoiries et le jugement était accepté par les plaideurs avec une résignation sincère : cette résignation est habituelle ; on comprend qu'ils n'ont pas toujours eu des gouvernants cherchant, de bonne foi, la vérité et la justice ; et cette bonne foi, ils y croient chez nous.

C'est quelque chose d'analogue que je voudrais pour l'exécution du sénatus-consulte à tous les degrés.

Certes, il serait désirable que l'établissement cadastral complet précédât ou accompagnât la fixation de la propriété : mais ce n'est pas là une nécessité absolue : je n'ai pas besoin d'insister sur les différences qui ont existé et existent encore en France entre les différents plans terriers et la réalité. Pour les savants jurisconsultes qui se sont occupés des moyens de délimitation des territoires et des héritages, l'un des plus convenables résulte des témoignages oraux que je propose d'employer exclusivement, en Algérie, pour asseoir les titres nouveaux : les géomètres suivraient et fixeraient sur leurs cartes les limites écrites d'abord dans les titres.

Ainsi des commissions présidées par des fonctionnaires élevés, et, si l'on veut même, par des sénateurs, des députés, ou des conseillers d'État, se partageraient le territoire à délimiter : chacune d'elles fonctionnerait sur place : elle serait nantie de registres et de titres détachés portant imprimé : « Au nom du peuple français, Napoléon III, etc., déclare que la propriété ci-après désignée appartient à... » Une colonne serait consacrée à l'indication des limites : une autre aux noms des témoins, une autre à l'énonciation des titres : une autre à la nature de la propriété invoquée par le réclamant, propriétaire ou fermier emphytéotique, ou occupant actuel, — sauf les droits des tiers ; on ne serait pas difficile sur les prétentions des travailleurs et on leur sacrifierait sans hésiter celles de l'État qui seraient incomplètes ou litigieuses.

L'extension du domaine de l'État au delà d'une proportion très-restreinte du domaine général est funeste à toutes les transactions, au bon aménagement des terres, et par conséquent au fisc lui-même. Il ne faut garder tous les droits de l'État que sur les forêts et les eaux, tout en respectant les usages exercés de tout temps par la population et tâchant de lui en laisser l'équivalent (1).

En agissant ainsi, vous devez pouvoir, en peu de mois, ou, au plus, en très-peu d'années, avoir attribué *à chaque terre un seigneur*. Ce seigneur pourra être collectif : mais vous pourrez donner à la commune indigène, tribu ou douar, selon le cas, la faculté d'aliéner une part de ce domaine collectif : ce n'est plus que le fait de règlements administratifs pour assurer, autant que possible, la sécurité des transactions. On pourra, par exemple, recommander aux indigènes traitant avec des Européens de n'accepter que de l'argent comptant ou du papier garanti par la Banque algérienne qui trouverait là l'emploi de ses capitaux et de ses relations.

Voilà donc toute la terre algérienne mise dans la circulation. L'Européen peut partout et sans formalités administratives devenir propriétaire, et il ne le sera plus par voie de concession entraînant des conditions fâcheuses à sa liberté, et, à coup sûr, des relations difficiles avec les expropriés qui en

______

(1) Le jugement prononcé sur place serait définitif et les revendications ne pourraient plus donner lieu qu'à des compensations en argent.

jouissaient avant lui : il sera accepté, protégé, aidé par le douar qui lui aura vendu, ou dont un membre lui aura vendu sa terre, et qui apprendra promptement à tirer parti des lumières et des relations de son nouveau concitoyen. — Il sera, en tous cas, en meilleure situation qu'un Français qui s'établit à la Plata ou au Mexique.

L'autorité française, en effet, ne pourra pas, de longtemps, abandonner ses nationaux à la justice locale. Il y a là une autre difficulté de la pénétration réciproque des deux races, sur laquelle il est bon de s'arrêter encore.

On ne pouvait pas, après la conquête, compter sur l'impartialité du juge indigène quand il aurait à décider entre un compatriote et le compatriote des conquérants : et son esprit de justice, nous l'avons dit, ne le garantissait pas contre ses préjugés et ses ressentiments nationaux.

Qu'a-t-on fait? On s'est souvenu d'un droit rappelé en beaux termes dans le plaidoyer de Cicéron contre Verrès. Nos souvenirs classiques avaient laissé une grande valeur à ce titre de « civis romanus » invoqué par le grand orateur romain. On résolut de transporter aux Français en Algérie, en le précisant et l'étendant, le privilége du « civis romanus » et l'on décida que le Français, même en territoire indigène, ne serait justiciable que du juge français le plus voisin : toute instruction même échappe au juge indigène.

Vous comprenez bien : un Français se trouve, à un titre quelconque, en territoire arabe ou kabyle. S'il offense un homme du pays, celui-ci devra s'aller plaindre, à quinze lieues de là peut-être, au juge français, lui amener ses témoins et s'en rapporter à sa justice. Or, les témoins indigènes se déplacent peu ; c'est au marché que, jusqu'à présent, le plaignant, rencontrant son offenseur, le saisit par son bernous, en criant à haute voix (la vraie clameur de haro), appelant ses témoins, invoquant le cadi toujours présent ou suppléé. Tout le personnel du procès se réunit devant le tertre où siége le cadi : témoignages, plaidoiries, sentence, punition même, tout tient dans la séance : tout est fini avant le marché.

Assujettir à nos formes de procédure les gens qui ont de telles habitudes, c'est, tout simplement, leur dénier la justice. On renonce une fois, deux fois, à faire valoir son droit : puis vient un jour où l'on en appelle à son fusil.

Il y a là, on le comprend, un obstacle à la pénétration des races. La juridiction française est absolue et s'exerce sur tous dans son territoire. On ne peut pas donner les mêmes droits au juge indigène : son code n'est pas le nôtre ; les pénalités de la loi arabe ou kabyle sont à la fois pécuniaires et corporelles et la détention n'y est ni comprise, ni possible. Pourtant il faut que le crime ou délit commis par le Français ne reste pas impuni : qu'un litige civil même puisse être au moins jugé en première instance, sur place, dans le lieu du fait ou du bien disputé. Les jurisconsultes et les hommes d'État jugeront du degré où doit s'arrêter la juridiction indigène, en attendant l'assimilation complète : on aura, soit une instruction sur laquelle le juge français statuera, soit un jugement du cadi avec transformation des peines édictées, soit des réunions de cadis présidées, à époques fixes, par un homme de loi français.

Cela fait, les Européens et les indigènes pouvant vivre à côté les uns des autres, le devoir du gouvernement sera presque entièrement rempli : le temps fera le reste : au dire des Arabes les plus intelligents, il amènera promptement l'assimilation qu'on ne pourrait introduire aujourd'hui sans contrainte tyrannique, sans dangers graves.

En 1844, le duc d'Aumale essaya de porter atteinte à la féodalité qui tenait alors, surtout dans le sud, la province de

Constantine. Le cheick du Belezma fut interné comme un raya de l'Inde, et cette grande province fut partagée entre quatre caïds, pris, pour plus de sûreté, parmi les marabouts de grande naissance. — (Le cheick était laïque, comme toute l'aristocratie de l'Est.)

Les choses allèrent à peu près bien et l'autorité française fut plus complète tant qu'aucune complication politique ne se manifesta. Aux approches du soulèvement de Zaatcha, nos quatre caïds furent assassinés ou se réfugièrent dans le camp français : nous avions pu en faire des fonctionnaires ; nous n'avions pas pu leur donner l'*autorité* : l'autorité ne se départit pas à l'heure du maître et à sa volonté.

S'il arrivait qu'une tribu, se trouvant bien du règne de son caïd ou de son cheick, voulût le garder, laissons-le-lui : plus intelligent et mieux instruit que les siens, il nous garantira de ces soulèvements qu'ont produits ou entretenus si souvent des espérances ou des aspirations insensées : l'ôter d'ailleurs, contre la volonté de son peuple et contre son droit ancien, c'est un acte de la force, ce doit en paraître un abus.

Mais ne croyez pas que rien subsiste, après quelques générations, en dehors de notre état social et politique si nous restons justes et bienfaisants. C'est affaire de patience, et de patience même assez courte.

« Il y a, disait au général Bedeau un grand de la province de Bone, il y a un mouvement qui vous échappe et nous frappe vivement : c'est que le peuple nous quitte et va à vous. — C'est justice, ajoutait-il mélancoliquement. Pour vous, le droit c'est la justice ; — chez nous, c'est la force. »

« Nous resterons ce que nous sommes, disait encore un caïd des Zibans : mais nos fils seront chrétiens. »

Attaquons enfin, pour terminer cette rapide étude, l'une des questions les plus ardemment controversées de notre temps.

— S'il est vrai qu'on ne doive pas immédiatement modifier le régime de gouvernement des Arabes; s'il est vrai même qu'il n'y ait ni libéralisme, ni générosité, ni intérêt national à le modifier par voie de contrainte, dans l'avenir, faut-il changer le personnel qui l'applique, et chercher dorénavant ce personnel dans l'ordre civil?

On a pu comprendre, d'après ce qui précède, que les fonctions de nos bureaux arabes et de nos commandants de cercle ne sont pas essentiellement militaires. Si, pendant longtemps, la police armée a constitué leur principale fonction, il n'en est plus de même aujourd'hui, et un fonctionnaire civil n'aurait pas à requérir tous les jours le chef de la force armée de monter à cheval pour réprimer une révolte ou empêcher un conflit. Quand il en était ainsi, on simplifiait fort l'action du pouvoir et on la rendait bien plus efficace, en en confiant l'exercice à ce chef même de la force armée.

Il reste, cependant, de bonnes raisons pour que la plupart de nos agents soient militaires. Il s'agit de trouver une centaine de fonctionnaires instruits, actifs, connaissant le pays, animés de bonnes intentions : il s'agit de leur imposer une besogne qui n'a point d'analogue en France et qui exige une éducation spéciale : il s'agit de les mettre à l'épreuve et de les remplacer aisément s'ils ne remplissent pas des conditions pour lesquelles on n'a pu, d'avance, mesurer exactement leur aptitude. — L'armée fournit tout cela : sans compromettre leur carrière, les officiers peuvent entrer dans les bureaux arabes et les quitter dans le cas où ce genre d'occupations ne convient pas à leurs goûts ou à leurs aptitudes. Le recrutement s'en fait avec de grandes précautions, et bien peu, parmi les élus, ont donné lieu à des plaintes graves et fondées. Ils exercent un grand pouvoir, que la confiance des populations a souvent étendu encore bien au delà de leurs attributions légales. Quelques-uns en ont été enivrés. L'immense majorité l'a exercé dans un esprit constant de justice et de bienveillance. On n'en douterait pas, si l'on réfléchissait à tout ce qu'il a fallu de tact et de mesure pour maintenir habituellement une paix complète dans une population si différente de nous et la rapprocher continuellement de conquérants qui veulent n'être que des concitoyens.

La surveillance hiérarchique, seule garantie des sujets en l'absence des appels à l'opinion publique, est facile et complète dans l'organisation actuelle. Les commandants de cercles, de subdivisions, de divisions, exercent le pouvoir supérieur et contrôlent leurs subordonnés en vertu non-seulement de leurs fonctions, mais de la supériorité du grade. Tous ressortissent au gouverneur général, qui doit être nécessairement un des premiers de l'armée par le grade, un des plus respectés par le caractère.

D'autre part, et en ce qui concerne le gouverneur général, ces conditions absolues restreignent les choix, et il peut être quelquefois nécessaire ou très-utile de le prendre en dehors de l'armée.

En résumé :

1° Le régime civil en Algérie pourrait et devrait peut-être devenir plus libéral et offrir l'application de cette théorie de décentralisation qui semble prévaloir dans la mère patrie ; elle serait bien plus utile et bien plus facile à appliquer là où les intérêts sont bien plus localisés, où les populations sont rares et les communications difficiles. Les communes seraient presque souveraines, le pouvoir central conservant seulement la justice supérieure, la haute police, le *veto* administratif (1).

---

(1) Les communes, notamment, seraient mises en possession des propriétés domaniales situées sur leur territoire, avec faculté d'en disposer.

2° En territoire indigène, on s'efforcerait de faire pénétrer les Français en préparant leur installation par la fixation de la propriété arabe. On hâterait l'application du sénatus-consulte, et l'État renonçant absolument à coloniser directement, à prendre de la terre pour la vendre ou la donner, livrerait à la liberté absolue les transmissions de propriété.

3° On suivrait avec une sollicitude extrême l'établissement d'un régime judiciaire satisfaisant en pays indigène. L'éducation spéciale des cadis, et une organisation analogue à celle des juges de paix et des cours de circuit d'Angleterre permettraient de renvoyer les conseils de guerre à leur judiriction exclusivement militaire.

4° Le recrutement, parmi les officiers exclusivement, des agents du gouvernement français en pays indigène, offre des avantages très-importants : mais il n'est pas indispensable, et, dans l'état de l'opinion, il peut être utile d'introduire des fonctionnaires civils dans cette hiérarchie.

5° On en peut dire autant, même pour le gouvernement général.

Paris, 24 janvier 1870.

Paris. — Imprimerie de E. MARTINET, rue Mignon, 2.